이지선

인공지능을 '어렵고 거창한 기술'에서 '누구나 다루는 생활 도구'로 바꿔 온 AI 소통 고수다. 일찍이 인공지능의 잠재력을 꿰뚫어 보고, 강연·글·콘텐츠를 통해 오랜 시간 대중과 호흡하며 AI 대중화의 최전선에 서 왔다. 전문성과 친근함을 겸비한 그의 글과 강의는 매번 "쉽다, 재밌다, 당장 써먹을 수 있다"는 호평을 얻으며 수많은 독자와 수강생에게 AI의 문을 열어주고 있다. AI 대중화를 위해 이 책을 썼다. 최근에 〈AI 시대 글쓰기 생존 전략〉을 썼다.

@writer_ljs@heeyae74
https://litt.ly/wraiter_lee
youtube.com/@wraiter_lee
**(해당 유튜브 채널에서 K-AI 챌린지 수다쇼를 진행,
첫방 10월 15일 수요일 오전 10시~11시 상설 라이브 진행 중)**
youtube.com/@AIXTVplus

하루 5분
A.I 챌린지

CONTENTS

프롤로그	4
AI를 만나기 전, 꼭 필요한 첫걸음! 가입하기부터 알아봐요!	6
AI에게 말을 걸 때 쓰는 '프롬프트' 가 궁금해요!	11

Part 1. Preparation Movement (AI Introductory Challenge)

Challenge 1 AI와 인사 나누기	14
Challenge 2 생활 속 궁금증 물어보기	17

Part 2. Daily Upgrade (Life Challenge)

Challenge 3 AI를 내 주말 도우미로 이용해 보기	20
Challenge 4 일주일 식단 부탁하기	23
Challenge 5 AI와 함께 여행 일정 짜기	26

Part 3. Study Help (Learning Challenge)

Challenge 6 AI와 영어 회화 연습하기   29
Challenge 7 AI로 아이 공부 도와주기 (수학 문제 풀이+시험 요약 노트)   32
Challenge 8 과학 실험 원리 물어보기   36
Challenge 9 AI로 나만의 학습 로드맵 만들기   39

Part 4. Creative Play (Creative Challenge)

Challenge 10 AI와 함께 시 써보기   43
Challenge 11 AI와 함께 그림책 만들기   46
Challenge 12 AI 그림 도구로 그림책 장면 만들기   50
Challenge 13 AI와 함께 웹툰 콘티 짜기   54
Challenge 14 사진 한 장을 여러 가지 스타일로 만들기   58
Challenge 15 AI에게 작사 부탁하기   61
Challenge 16 AI와 함께 블로그 글쓰기   64
Challenge 17 AI와 함께 유튜브 대본 만들기   68

Part 5. AI와 함께하는 삶의 성장 (Growth&Daily Balance Challenge)

Challenge 18 AI와 함께 하루 시간표 만들기   72

에필로그   76

― 프롤로그 ―

하루 5분, AI와 친해지기!

"AI? 그건 전문가들이나 쓰는 거 아냐?"

아마 이렇게 생각하실지도 모릅니다. 저도 처음엔 그랬습니다. 거기다 글만 썼던 문과 출신이라 기피하고 싶은 마음도 컸어요. 하시만 호기심도 생겼습니다. 적을 알아야 잘 싸운다는 말처럼 저는 그 친구를 물고 늘어지기 시작했습니다.

낯설고, 어렵고, 기계 같고, 왠지 나와는 거리가 먼 존재처럼 느껴졌지요. 하지만 AI와 시간을 보낼수록, 의외였습니다. 내가 인사하면 답해주고, 내 기분을 말하면 공감해 주고, 내가 궁금한 걸 물으면 생각지도 못한 답을 들려줬어요. 마치 오랜 친구처럼, 늘 곁에서 함께해 주는 듯한 느낌이었지요.

그렇다고 해서 거창하게 공부할 필요는 없습니다. 하루에 딱 5분이면 충분해요. 잠깐 시간을 내어 AI와 한

마디 나누시고, 대답을 읽고, 거기에 짧게 대꾸해 보는 것만으로도 충분합니다. 하루 5분이 쌓이면, AI는 어느새 내 생활 속 도우미가 되고, 내 공부를 도와주는 선생님이 되고, 내 창작을 함께하는 든든한 동반자가 되어 줍니다.

이 책에서 저는 여러분에게 바로 그 5분의 시간을 어떻게 즐겁게 보낼 수 있는지 알려주려 합니다. 오늘은 AI에게 인사를 건네고, 내일은 오늘의 할 일을 정리해 보고, 작은 이야기를 함께 지어보는 겁니다. 하루 5분, 부담 없이 즐기며, 조금씩 AI와 가까워지는 시간.

이제 새로운 하루가 열립니다.

AI를 만나기 전, 꼭 필요한 첫걸음!
가입하기부터 알아봐요!

요즘 TV 뉴스나 유튜브, 회사 회의에서 'AI', '챗GPT', '제미나이(Gemini)' 같은 말을 한 번쯤은 들어보셨을 겁니다. 어떤 분은 "이거 정말 신기하다"고 감탄하고, 어떤 분은 "난 아직 잘 몰라서 못 쓰겠어" 하고 망설이시죠. 하지만 걱정하지 마세요. AI는 누구나 사용할 수 있도록 점점 더 쉬워지고 있습니다. 제가 AI를 처음 만나 호기심으로 밤을 지새우던 일도 과거의 한 장면처럼 느껴질 만큼요.

AI와의 첫 만남은 어렵지 않습니다. 딱 하나, 가입만 하면 됩니다! AI를 사용하기 전 가장 기본이 되는, 그러나 꼭 알아야 할 가입 과정에 대해 먼저 짚고 넘어갈게요.

1. AI를 사용하려면, 왜 가입이 필요한가요?

AI는 마치 새로운 도구나 프로그램을 처음 사용할

때와 같습니다. 스마트폰에서 앱을 설치할 때, 또는 인터넷 쇼핑몰을 사용할 때도 '회원가입'을 하듯이, AI 서비스도 나를 확인할 수 있어야 제대로 기능을 사용할 수 있습니다. 또한 가입을 하면 내가 사용한 기록이 저장되어 이전 작업을 다시 확인할 수도 있고, 유료 기능도 사용할 수 있는 자격이 생깁니다. 가입은 말 그대로 'AI와의 약속'이자 '입장권'이라고 생각하시면 됩니다.

2. 가입 절차, 어렵지 않아요.

지금부터는 실제로 AI 서비스를 사용할 때 어떤 가입 절차를 거치는지 설명드릴게요. 대표적인 예시로 많이 쓰이는 챗GPT(ChatGPT)를 기준으로 안내 드립니다.

[가입 절차 따라 하기] - 챗GPT 예시

✅ **1단계: 홈페이지 접속**

검색창에 챗GPT를 씁니다. 검색결과중 chat.openai.com이라고 되있는 사이트를 들어갑니다.

✅ **2단계: [Sign up] 또는 [회원가입] 버튼 클릭**

영어로 되어 있어도 걱정 마세요. 버튼 대부분은

[Sign up] 혹은 "Continue with Google"처럼 쉽게 보입니다.

✅ 3단계: 로그인 방법 선택

Google 계정이나 이메일 주소로 가입이 가능합니다. 가장 쉬운 방법은 [Google로 계속하기]입니다. 버튼을 누르면 구글 계정과 연결됩니다.

✅ 4단계: 인증 메일 확인

이메일 주소를 입력하면 해당 주소로 인증 링크가 도착합니다. 이메일을 열고 [Verify email] 같은 버튼을 눌러야 가입이 완료됩니다.

3. 가입 전에 준비하면 좋은 것들

가입을 하기 위해 미리 준비하면 좋은 정보가 몇 가지 있어요. 한 번에 끝내고 싶다면 아래 준비물을 챙겨 보세요.

✉️ 이메일 주소

내 계정이 될 주소. Gmail이 가장 무난합니다.

🔒 비밀번호
타인이 유추하기 어려운 강력한 비밀번호
사용 권장해요.

📱 스마트폰
가끔 보안 인증을 위해 문자 메시지를 받을 수 있어요.

👤 보호자 동의 (미성년자일 경우)
나이 확인이 필요한 일도 있습니다.

개인정보 보호를 위해 이름, 전화번호, 주소 등은 꼭 필요한 경우에만 입력하세요. 공공장소나 피시방에서는 로그인 정보를 저장하지 마시고요. 다시 한번 정리할게요: 가입, 이렇게만 따라 하면 끝입니다.

1단계	AI 서비스 홈페이지 접속
2단계	회원가입 버튼 클릭
3단계	이메일 주소/구글 계정 선택
4단계	인증 메일 확인 및 클릭
5단계	기본 정보 설정, 로그인 완료!

오늘의 마무리

 이제 여러분은 AI라는 새로운 도구를 손에 넣은 것입니다. 하지만 도구는 많이 사용할 때 비로소 진짜 내 것이 됩니다. 그리고 실전이 쌓여야 내 실력이 됩니다. 거창하게 생각하실 필요는 없어요. 즐겁고 재밌게 익히다 보면 은근히 고수가 되어 계실 겁니다. 우리는 그 시작으로 "하루 5분 AI에 말을 걸어보는 도전"을 시작할 거에요.

 작고 가벼운 질문부터 시작해 매일매일 조금씩, AI와 익숙해지는 시간이 쌓이면 어느새 여러분도 AI를 능숙하게 다루는 사람이 되어 있을 겁니다. 자, 다음은 AI와 대화를 나누기 위해 우리가 알아야 할 기본인 프롬프트에 대하여 알아볼게요.

AI에 말을 걸 때 쓰는 '프롬프트'가 궁금해요!

AI와 대화할 땐 '프롬프트'라는 걸 써야 해요. 프롬프트는 쉽게 말해서, AI에 보내는 질문이나 요청문이에요. 우리가 대화를 나눌 때 편하게 묻고 답하는 것과 같습니다. 즉, AI에 "이렇게 해줘!" 하고 말하는 방식입니다. 프롬프트 창에 써 넣으시면 됩니다. 예를 들어 볼게요. 보시면 아하! 이런 거구나 하실 거예요.

일상 대화처럼	"오늘 날씨가 어떤지 알려줘." "된장찌개 맛있게 끓이는 방법 알려줄래?"
내 상황을 먼저 말한 다음, 요청하기	"나는 다이어트 중인 주부인데 요리를 좋아해. 냉장고에 버섯과 두부만 있어. 건강식으로 어떤 반찬을 해 먹으면 좋을까?"
정리 요청	"전체 내용을 1000자로 요약해 줘." "회의 내용을 핵심 내용과 준비할 사항으로 나누어서 정리해 줘."

창의적인 부탁도 가능해요!	"토끼를 주인공으로, 엄마와 그림책을 읽는 시간이 주는 힘과 그 소중한 가치를 주제로 한 그림책을 만들어줘." "하루를 살아가는 우리 모두가 스스로의 힘을 믿고 또 내일을 살 수 있도록 치유와 힐링이 담긴 에세이북을 만들어줘. 짧고 간결한 문체와 부드럽고 포근한 일러스트 느낌."

프롬프트를 구체적으로 말할수록, AI는 더 똑똑하게 대답할 수 있습니다. 내 상황이나 배경 정보를 먼저 말하면, 더 정확한 답을 받을 수 있어요. 뒤에 이어지는 챌린지에서 다양한 프롬프트 내용을 보실 수 있으니 편안하게 읽고 넘어가시면 됩니다.

나쁜 예	좋은 예
"요리를 알려줘"	"집에 양파랑 감자만 있어. 뭐 만들어 먹을 수 있을까?"
"글쓰기 도와줘."	"글을 쓰고 싶어하는 여성이 쓸 만한 감성적인 수필 주제를 5가지만 추천해 줘."

처음엔 '복사해 붙여넣기'로 시작해도 좋아요. AI에 무슨 말을 해야 할지 막막하다면, 이 책에 나온 예시 문장을 그대로 복사해서 써보세요. 쓰시다 보면 어느새 "프롬프트 감각"이 생기고, 어떤 말을 해야 AI가 잘 도와주는지도 알게 될 거예요.

 오늘의 마무리

[프롬프트 = AI에 보내는 내 요청]
정확하고 구체적으로 말할수록 AI가 잘 도와줌
처음엔 예시를 따라 하다가, 점점 내 말로
바꿔가기

Challenge 1

AI와 인사 나누기

이제 본격적인 챌린지의 시작입니다. 오늘의 첫 도전은 정말 간단하지만 아주 중요한 첫걸음이에요. 마치 처음 만난 사람에게 "안녕하세요?" 하고 인사하듯이, AI에도 먼저 인사를 건네보는 겁니다. 스마트폰이나 컴퓨터로 챗GPT 또는 Gemini를 열고, 아래 문장을 복사해서 채팅창(프롬프트 창)에 붙여 넣고 엔터만 누르면 됩니다!

오늘의 연습 문장 1

"안녕하세요. 저는 건강을 중요하게 생각하는 주부예요. 요리도 좋아하고 손으로 만드는 것도 좋아해요. AI는 저에게 어떤 도움을 줄 수 있나요?"

AI는 이 문장을 읽고 여러분에게 맞춤형 답을 따뜻하고 친절하게 해줄 것입니다. 혹시 이런 생각도 드시나요? AI는 나를 기억할까? 궁금해하시는 분이 많으

신데요. 챗GPT 같은 AI는 대화를 하면서 앞에서 했던 말을 기억해요. 대화하는 동안은 나에 대해 배운 걸 바탕으로 대답해 줍니다. 예를 들어, 아까 위에서 "손으로 만드는 걸 좋아해요"라고 나에 대해서 말했으면 이어서 이렇게 물어볼 수 있어요.

"그러면 아이 선물로 만들 수 있는 걸 추천해 줄 수 있어요?" 이렇게 물어보면, AI는 앞서 말한 취향을 기억하고 어떤 걸 만들면 좋을지 친절하게 제안해 줄 거예요. 이제 그렇게 주는 제안 가운데 내가 가능하고, 맘에 드는 아이디어를 찾는 일만 고르면 되는 세상이 되었습니다.

내 소개를 미리 정리해 보세요. AI는 '내가 누구인지'를 알려주면 더 잘 도와줄 수 있다고 했었는데요. 아래의 예시를 바탕으로 나의 이야기를 적용해서 말해보세요.

오늘의 연습 문장 2
"저는 글을 쓰고 싶어하는 여성이고, 글쓰기를 배우고 싶어요. 일상에서 AI를 자주 써보고 싶어요."

이런 식으로 나의 관심사나 상황을 알려주면, AI는 그 정보를 참고해서 꾸준히 도움을 줄 수 있어요.

오늘의 마무리

AI는 처음엔 조금 낯설 수 있어요. 하지만 막상 말을 걸어 보면, 내 말을 잘 들어주고 나를 이해해 주는 친구 같다는 생각이 들 거예요. 오늘 우리는 그 친구에게 처음으로 인사를 했고, AI도 아주 반갑게 우리를 맞아줬습니다.

Challenge 2

생활 속 궁금증 물어보기

이번 챌린지는 실생활에서 궁금한 점을 질문해 보는 날입니다. TV, 냉장고, 건강, 음식, 교통, 약 복용, 생활 팁 등…우리가 평소 궁금했지만 검색하기 귀찮았던 것들을 AI에게 직접 물어보세요.

"된장찌개 끓일 때 애호박을 처음부터 넣을까, 끓고 나서 넣을까?" "비 오는 날 무릎이 아픈데 스트레칭 방법 알려줘." 이런 질문도 AI는 성심껏 대답해 줍니다. 오늘은 AI에게 생활 속 궁금증 해결사 역할을 맡겨보는 날이에요.

오늘의 연습 문장 1 (식재료나 레시피 질문해보기)
"두부랑 김치밖에 없는데,
오늘 저녁 뭐 해 먹으면 좋을까요?"
"계란찜 잘 되게 만드는 꿀팁 있어요?"

생활 밀착형 질문은 AI가 잘 대답하는 대표 분야입니다. 요리 초보든 고수든, 간단한 재료만 말해도 메뉴를 추천받을 수 있어요.

오늘의 연습 문장 2 (건강/생활 팁 받아보기)
"저혈압이라 아침에 어지러워요.
어떤 음식을 먹을까요?"
"세탁기 냄새 없애는 방법 알려주세요."

인터넷에 검색하면 너무 많은 정보가 나와 혼란스러웠다면, AI에게 간단하게 물어보세요. 깔끔하고 명확하게 요점만 알려줍니다.

오늘의 연습 문장 3 (비교, 요약, 분석까지 요청해 보기)
"손목이 아픈데 정형외과랑 한의원 중에
어디를 먼저 가는 게 좋을까요?"
"비타민 B군과 오메가3, 어떤 걸 더
우선으로 챙기면 좋을까요?"

이제는 단순한 정보 이상으로, 두 가지를 비교하거나, 장단점을 분석해달라고도 해보세요. AI는 중립적이고 균형 잡힌 정보를 잘 정리해서 알려줍니다.

오늘의 마무리

AI에게 무엇이든 물어볼 수 있다는 사실을 체험하는 날이었습니다. 요리, 건강, 날씨, 생활 정보 등 AI는 다정한 검색 도우미처럼 늘 곁에서 무엇이든 척척 알려줄 수 있습니다. 그럼 다음은 더 생활에 가깝게 활용 범위를 넓혀 보는 챌린지를 해 보겠습니다.

―――― Challenge 3 ――――

AI를 내 주말 도우미로 이용해 보기

이 챌린지에서는 AI에게 내 일상과 취미, 관심사를 알려주고, 어떻게 도와줄 수 있을지 물어보는 연습을 합니다.

내 일상에서 자주 하는 일 2~3가지를 나열하고 AI에게 "이런 활동에 도움이 될 수 있나요?"라고 물어보고 AI에게 내 일과나 루틴을 알려주고 더 편하게 할 방법을 요청할 것입니다. 일상 속 반복적인 활동을 AI에게 맡겨보는 거예요. 예를 들어 청소 방법 추천, 할 일 정리 같은 것입니다. '내가 자주 하는 일은 무엇이지?' 고민하고, AI에 도움을 구해보며 주말 도우미가 되는 것을 경험해 보세요.

오늘의 연습 문장 1 (내가 자주 하는 것 3가지 말해보기)
"저는 식사 준비를 자주 하고, 텃밭을 가꾸고,
일기 쓰는 걸 좋아해요. AI는 이런 일상에서
저를 어떻게 도와줄 수 있나요?"

AI는 내가 어떤 일을 즐겨하는지 알게 되면, 그에 맞는 다양한 조언을 해줄 수 있어요. 예를 들어, 식단표 짜기, 텃밭 가꾸는 팁, 오늘 하루 돌아보는 글쓰기 등을 제안해 줄 수 있답니다.

오늘의 연습 문장 2 (AI에게 내 일상 루틴 도움 요청하기)
"저는 보통 아침에 산책하고, 오전에는 반찬 만들고,
오후에는 독서하며 시간을 보내요.
이 루틴을 더 효율적으로 만들 수 있을까요?"

이렇게 구체적인 하루 일정을 AI에게 말하면, AI는 각 시간대에 할 수 있는 일, 건강 팁, 추천 도서나 레시피도 함께 제안해 줄 수 있어요. 내 일상을 함께 설계해 주는 조력자가 생기는 셈이죠.

오늘의 연습 문장 3
나의 주말 계획을 AI와 함께 설계하기
(나의 조건을 정확하고, 구체적으로 넣기)
"이번 주말 7세 여자 아이 한 명, 9세 남자 아이
한 명을 데리고 놀러 가려고 해요.
여의도 주변으로 가볼 만한 장소를 추천해 주고,
소시지를 활용한 도시락 메뉴를 3가지
추천해 주세요. 아침 11시부터 5시까지의
외출 계획을 시간대별로 추천해서 짜주세요."

AI는 여러분이 알려준 정보를 바탕으로 아주 구체적이고 실용적인 계획을 짜줄 수 있어요. 심지어 시간표나 목록까지 표로 정리해 주기도 한답니다.

> ### 오늘의 마무리
>
> 　AI는 처음엔 낯설지만, 하루 5분씩 대화하다 보면 자연스럽게 일상에 스며듭니다. 오늘은 내가 자주 하는 일을 AI와 나누며 '아, 이런 것도 AI에 부탁할 수 있구나!'라는 감각을 키워보는 챌린지였습니다.

Challenge 4

AI에게 일주일 식단 부탁하기

매일 아침, '오늘은 뭘 먹을까?'라는 고민으로 하루를 시작하곤 합니다. 냉장고 문을 열어도 늘 같은 재료만 보이고, 장을 보고 와도 식단이 잘 짜이지 않아 결국 비슷한 반찬만 반복될 때가 많습니다. 오늘은 이런 고민을 AI에게 맡겨보겠습니다. AI는 요리법뿐 아니라 나이, 건강 상태, 생활 패턴까지 반영해 맞춤형 일주일 식단을 제안합니다. 이제 AI를 나만의 영양사처럼 활용해 볼까요?

처음에는 간단하게 시작해도 좋습니다. 예를 들어 이렇게 물어보세요.

오늘의 연습 문장 1 (기본 식단 부탁하기)
"일주일 동안 한국 가정식 식단을
아침, 점심, 저녁으로 짜줘."

그러면 AI는 마치 달력에 밥상을 그려놓은 것처럼

깔끔하게 정리해 줍니다. 월요일 아침은 계란후라이와 밥, 점심은 김치찌개, 저녁은 된장국과 생선구이…. 이렇게 한눈에 들어오는 식단표를 완성합니다. 마치 영양사가 내 집에 와 주간 식단표를 붙여둔 듯한 기분이 듭니다.

조금 더 욕심을 내고 싶다면, 건강 상태를 알려주면서 부탁해 보세요.

오늘의 연습 문장 2 (건강 맞춤형 식단 만들기)
"나는 60대 여성이고, 혈압 관리가 필요해.
건강에 좋은 일주일 식단을 짜줘."

AI는 금세 저염식 위주의 메뉴를 제안합니다. 아침에는 오트밀과 과일, 점심에는 현미밥에 두부조림과 시금치나물, 저녁에는 구운 연어와 채소 샐러드를 추천해 주지요. 이렇게 내가 처한 상황을 말해주면, AI는 내 건강을 챙겨주는 맞춤형 도우미가 됩니다.

오늘의 연습 문장 3 (예산과 시간을 반영한 식단)
"건강식은 좋지만, 시간이 너무 많이 걸려서 힘들어."
"이번 주 장 보는 예산은 5만 원 안으로 맞추고 싶어."
"예산은 5만 원 안에서, 조리 시간이 짧은
일주일 저녁 식단을 짜줘."

그러면 AI는 간단하면서도 알뜰한 메뉴를 짜줍니다.

 오늘의 마무리

AI에게 일주일 식단을 부탁해 보았습니다. 늘 막막했던 밥상이 달라졌습니다. 내 건강 상태와 생활 방식, 그리고 예산까지 고려한 메뉴를 누군가 나를 위해 정리해 준다는 게 참 든든하지 않나요? AI는 오늘부터 나만의 영양사이자 생활 코치가 될 수 있습니다. 내일은 여행 일정을 부탁하는 연습을 해보겠습니다. 여행도 식단처럼, AI가 나의 상황에 맞는 계획을 세워줄 수 있으니까요. ✈

Challenge 5

AI와 함께 여행 일정 짜기

여행은 언제나 설레지만, 막상 준비하려 하면 귀찮고 복잡합니다. 어디로 갈지, 무엇을 먹을지, 교통은 어떻게 할지…인터넷을 뒤지다 보면 시간이 훌쩍 지나가, 결국 대충 짜거나 여행사 일정표를 그대로 따르곤 합니다. 이번 챌린지에서는 이 고민을 AI에 맡겨 봅시다. AI는 원하는 기간, 장소, 취향, 동행에 맞춰 여행 일정을 짜줍니다. 마치 나만의 전담 여행 가이드를 두는 기분이 듭니다.

처음에는 단순히 장소와 기간만 알려줍니다.

오늘의 연습 문장 1 (기본 여행 일정 짜기)
"이번 주말에 1박 2일로 강릉 여행을 갈 거야.
추천 일정을 짜줘."

AI는 이렇게 정리해줍니다.

1일차: 경포해변 산책 → 안목해변 카페거리
→ 강릉 중앙시장 저녁 식사
2일차: 오죽헌 관람 → 주문진 항구 → 회 먹고 귀가

마치 가이드북 한 장이 내 손에 들어온 느낌이죠.
이번에는 내 성향을 더 구체적으로 알려줍니다.

오늘의 연습 문장 2 (취향 반영하기)
"나는 걷는 걸 좋아하고, 시장 구경이 재밌어.
대신 박물관은 별로 안 좋아해.
이걸 반영해서 강릉 여행 일정을 다시 짜줘."

AI는 걷기 좋은 코스와 시장 중심으로 일정을 조정합니다.

1일차: 경포호 산책 → 강릉 중앙시장 점심 → 카페 투어
2일차: 정동진 해변 산책 → 주문진 수산시장 구경
→ 점심 후 귀가

이렇게 하면 내 취향에 꼭 맞는 여행이 됩니다.
마지막으로 조건을 더 붙여보겠습니다.

오늘의 연습 문장 3_조건 추가하기 (예산·동행·날씨)
"예산은 10만 원이고, 아이들과 같이 가.
어린이도 즐길 수 있는 일정을 짜줘."

AI는 아이와 어른이 모두 즐길 수 있는 여행을 제안합니다.

> 기차로 이동해 교통비 절약
> 아이들이 좋아하는 해변 놀이터 포함
> 저렴하면서도 푸짐한 현지 맛집 안내
> 무료 전시, 무료 체험 프로그램 추천 등

이제 AI는 가이드북이 아니라, 예산과 동행까지 고려하는 여행 설계자가 되었습니다. 이 일정을 타임테이블로 짤 수도 있어요. 거기다 제약 조건으로 실내 위주로, 휴식 시간은 숲에서, 식사는 야외에서 같은 항목을 넣어 맞춤식 여행을 짤 수도 있겠죠.

오늘의 마무리

AI에게 여행 일정을 짜달라고 부탁했습니다. 내 취향과 상황을 반영해, 세상에 단 하나뿐인 맞춤형 여행 계획이 나왔습니다. 앞으로는 검색창에 '여행 추천'을 입력하는 대신, AI에게 '내가 누구이며, 어떤 여행을 원하는지'를 말하면 됩니다.

Challenge 6

AI와 영어 회화 연습하기

영어 공부를 다시 시작하려 해도, 대화할 상대가 없어 포기한 적이 많으시죠? 학원은 시간과 비용이 부담스럽고, 혼자 책을 보자니 말문이 잘 열리지 않습니다.

오늘은 AI를 나만의 영어 회화 파트너로 삼아보겠습니다. AI는 내가 틀려도 웃지 않고, 언제나 친절하게 대답해 주는 대화 상대가 됩니다. 게다가 글자 입력뿐 아니라, 음성 모드를 활용하면 마치 외국인 친구와 실제로 대화하는 듯한 기분을 느낄 수 있습니다.

먼저 아주 짧은 문장부터 시작해봅니다.

> 오늘의 연습 문장 1 (간단한 인사 연습)
> "Hello, how are you today?"
> (안녕하세요, 오늘 어떠세요?)

AI는 "I'm fine, thank you. How about you?" 하고 답해줍니다. 내가 영어로 대답하면 다시 질문해 주어,

마치 작은 영어 회화 수업 같아집니다.

이번에는 조금 더 구체적인 상황을 정해봅니다.

오늘의 연습 문장 2 (상황별 대화 연습)

"Let's practice ordering coffee at a cafe."

(카페에서 커피 주문하는 대화를 연습하자.)

그러면 AI가 점원 역할을 하고, 나는 손님 역할을 맡아 영어로 대화할 수 있습니다.

예) AI: "Good morning! What would you like to drink?"

나: "I'd like a cappuccino, please."

AI: "Sure! Anything else?"

실제 상황을 가정하고 연습하면 훨씬 실감납니다.

키보드 입력이 답답하다면, 챗GPT에서 음성 모드를 켜보세요. 스마트폰이나 PC에서 마이크 버튼을 누르고 직접 영어로 말하면, AI가 음성으로 대답해 줍니다.

오늘의 연습 문장 3 (음성 모드로 대화하기)

내가 말하기: "Where is the nearest bus stop?"

AI 대답: "It's just around the corner, next to the bakery."

이 순간, AI는 단순한 글자 대화가 아니라 실제 외국인과 마주 앉아 대화하는 파트너가 됩니다. 발음이 서툴러도 AI는 끊임없이 들어주고 대답해주기 때문에, 실수를 두려워하지 않고, 틀려도 개의치 않고 연습할 수 있습니다.

오늘의 마무리

AI를 영어 회화 연습 파트너로 활용해 보았습니다. 간단한 인사부터 카페 주문, 길 찾기 같은 상황 대화까지 내 수준과 속도에 맞춰 대화를 이어갈 수 있었습니다. 특히 음성 모드를 쓰면, 더 자연스럽게 말하는 훈련이 됩니다. 앞으로는 영어 교재를 펴지 않아도, AI에게 '영어로 대화하자'라고 말하는 것만으로도 훌륭한 회화 연습이 됩니다.

Challenge 7

AI로 아이 공부 도와주기
(수학 문제 풀이 + 시험 요약 노트)

아이들이 학교에서 공부하는 모습을 보면, 옛날 기억이 떠오르면서도 '이걸 어떻게 도와줘야 하지?' 싶은 순간이 많습니다. 특히 수학은 복잡하고, 역사와 과학은 내용이 방대해 어디서부터 시작해야 할지 막막합니다. 오늘은 AI를 아이 공부 도우미로 불러보겠습니다. AI는 답만 알려주는 기계가 아닙니다. 풀이 과정을 차근차근 설명하고, 시험 범위를 요약해 주는 든든한 과외 선생님이 될 수 있습니다.

먼저 아이가 숙제를 하다가 막힌 수학 문제를 AI에게 부탁해 봅니다.

오늘의 연습 문장 1-1 (수학 문제 함께 풀기)
"125 × 24를 계산해 줘."

AI는 이렇게 답합니다.

"125 × 24 = (125 × 20) +
(125 × 4) = 2500 + 500 = 3000"

단순히 답만 주는 것이 아니라, 풀이 과정을 단계별로 보여주지요.

이번에는 응용 문제를 물어봅니다.

오늘의 연습 문장 1-2 (수학 응용 함께 풀기)
"물건 하나가 15,000원인데, 3개 사면 20% 할인해 준대. 얼마를 내야 해?"

AI는

원래 가격: 15,000 × 3 = 45,000원
할인액: 45,000 × 0.2 = 9,000원
최종 가격: 45,000 - 9,000 = 36,000원

이라고 설명해 줍니다. 마치 옆에서 선생님이 '이 숫자를 이렇게 곱하면 돼요' 하고 알려주는 것 같습니다. 아이는 "아! 그래서 이렇게 되는구나" 하며 이해할 수 있습니다.

이번에는 수학이 아니라 역사 시험을 준비해봅니다. 시험 범위 문서를 pdf 형식으로 첨부한 후 질문해봅니다.

오늘의 연습 문장 2 (시험 범위 요약하기)
"중학교 1학년 역사 교과서 3단원 첨부한 것 중에서
'고려의 성립과 발전'을 요약해줘."

AI는 핵심만 딱 정리해 줍니다.

고려의 건국: 왕건이 세움 → 북진 정책 추진
거란과 세 번의 전쟁 → 대외 교류 활발

이렇게 정리된 요약본을 보면, 아이도 '시험에 이런 부분이 나오겠구나' 하고 감을 잡을 수 있습니다.
AI에게 한 걸음 더 부탁해 봅니다.

오늘의 연습 문장 3-1 (예상 문제와 쉬운 설명)
"위 내용을 시험에 나올 문제로 3개 만들어줘."

AI는 이렇게 문제를 만들어줍니다.

고려를 세운 왕은 누구인가?
고려의 북진 정책은 무엇을 목표로 했는가?
거란과의 전쟁은 몇 번 있었나?

그리고 아이가 잘 이해하지 못할 땐 이렇게도 물어 봅니다.

오늘의 연습 문장 3-2 (예상 문제와 쉬운 설명)
"역사를 잘 못 외우는 초등학생에게
설명하듯 쉽게 풀어줘."

AI는 비유를 들어 알려줍니다.

"고려는 왕건이라는 사람이 세운 나라예요.
북쪽으로 땅을 넓히려 했고, 거란이라는 나라와
여러 번 싸우기도 했습니다."

이렇게 하면 복잡한 역사도 마치 동화처럼 쉽게 다가옵니다. 사교육 걱정을 덜고 아이에게 언제나 든든한 교과 선생님이 함께하는 셈이죠.

오늘의 마무리

오늘은 AI로 아이 공부를 돕는 방법을 배웠습니다. 수학 문제는 풀이 과정을 하나하나 설명해 주었고, 역사 시험은 요약과 예상 문제, 그리고 쉬운 설명까지 해주었습니다. 앞으로 아이가 숙제나 시험을 준비할 때, AI는 든든한 공부 파트너가 될 수 있습니다.

Challenge 8

과학 실험 원리 물어보기

아이들은 호기심 덩어리입니다. 작은 풍선 하나, 물 한 컵, 달걀 하나만 있어도 아이들은 눈을 반짝이며 '왜 이런 일이 생겨요?' 하고 묻습니다.

그럴 때 어른들은 난감합니다. 알 것 같지만 막상 설명하려 하면 어려운 말이 먼저 떠오릅니다. 오늘은 그 순간을 AI에게 맡겨보겠습니다. AI는 복잡한 과학을 일상적인 말로 풀어, 아이도 이해할 수 있는 재미있는 이야기로 바꿔 줍니다.

오늘의 연습 문장 1
"왜 머리카락이 풍선에 붙어요?"

AI는 이렇게 설명합니다.

> "풍선을 머리에 비비면 정전기가 생겨서
> 풍선과 머리카락이 서로 끌어당기는 거야."

만약 조금 더 쉽게 해달라고 하면, 이렇게 이야기처

럼 바꿔줍니다.

> "풍선과 머리카락이 친구가 되어서
> 서로 달라붙는 거야."

오늘의 연습 문장 2
"달걀이 왜 물 위에 떠요?"

AI는 차분히 설명합니다.

> "소금을 넣으면 물이 무거워져서,
> 달걀이 물 위에 떠오르는 거야."

복잡한 '밀도' 이야기를 꺼낼 필요 없이, 아이 눈높이에 맞는 말로 설명할 수 있습니다. 아이 눈높이에 맞는 말로 충분히 설명해 줍니다.

확장형 질문도 던져 보세요. AI는 이렇게 알려줍니다.

오늘의 연습 문장 3
"그럼 강물과 바닷물은 뭐가 달라요?"

> "바닷물에는 소금이 많이 들어 있어서
> 강물보다 무겁단다. 그래서 사람들이 바다에서
> 수영하면 몸이 더 잘 뜨는 거야. 이게 바로
> 소금물 속 달걀 실험과 같은 원리란다."

아이의 얼굴에 "아!" 하는 깨달음이 떠오릅니다.

과학이 시험 문제가 아닌, 세상을 이해하는 열쇠가 되는 순간입니다.

> ### 🎉 오늘의 마무리
>
> 오늘은 과학 실험의 원리를 물어보았습니다. 풍선, 달걀, 바닷물처럼 단순한 것들도 AI의 설명을 거치면 쉬운 말과 재미있는 이야기, 생활 속 깨달음으로 바뀝니다. AI는 언제나 우리 곁에서 호기심 해결사가 되어줍니다.

---------- Challenge 9 ----------

AI로 나만의 학습 로드맵 만들기

요즘에는 외국어, 컴퓨터, 글쓰기, 그림, 악기 등 배우고 싶은 것이 많지만, 막상 시작하려 하면 어디서부터 해야 할지 막막합니다. 오늘은 AI에게 나만의 학습 로드맵을 만들어 달라고 부탁해 보겠습니다. AI는 원하는 목표를 듣고 단계별 계획표로 정리해 주어, 큰 숲을 보며 길을 따라 걷는 기분을 줍니다.

먼저, 배우고 싶은 것을 AI에게 솔직하게 말합니다.

오늘의 연습 문장 1 (목표 말하기)
"나는 60대 주부인데, 영어 회화를 배우고 싶어.
6개월 안에 외국인과 간단한 대화를
할 수 있는 게 목표야."

그러면 AI는 이렇게 기본 계획을 세워줍니다.

1개월차: 알파벳 발음, 기본 단어 100개 외우기
2개월차: 인사말, 자기소개, 간단한 질문 연습
3개월차: 일상 생활 대화(식사, 쇼핑, 교통)
4개월차: 짧은 문장 듣고 따라하기
5개월차: 간단한 글쓰기 연습, 짧은 대화 이어가기
6개월차: AI와 음성 모드로 회화 연습

이렇게 하면 '이 순서대로 공부하면 되겠구나' 하고 방향이 잡힙니다.

이번에는 내 생활 패턴을 반영해 더 구체적인 로드맵을 받아봅니다.

오늘의 연습 문장 2 (내 상황에 맞게 조정하기)
"나는 하루에 30분만 공부할 수 있어.
대신 주말에는 조금 더 길게 할 수 있어."

이렇게 넣으면, AI는 이렇게 다시 조정해 줍니다.

평일: 30분 단어·문장 연습
주말: 1시간 회화 집중 연습

한 달 단위 목표는 그대로 두고, 일주일 단위로 짠 로드맵을 받으면 내 생활 리듬에 맞춘 현실적인 학습 계획표가 완성됩니다.

마지막으로 공부가 지루해지지 않도록 재미 요소를 추가합니다. 이런 아이디어는 무궁무진하게 받아낼 수 있을 테니까요.

오늘의 연습 문장 3 (재미 요소 추가하기)
"공부가 재미있어야 꾸준히 할 수 있는데,
재미 요소를 넣어줘."

그러면, AI는 이런 방법들을 제안합니다.

노래 가사로 단어 배우기
영화 대사 따라 하기
내가 좋아하는 요리 레시피를 영어로 읽고 말하기
매일 AI와 '오늘의 짧은 대화' 나누기

어떠신가요? 공부가 즐거워질 것 같은 예감이 드시나요? 이렇게 하면 학습이 숙제가 아니라 취미와 즐거움으로 바뀔 수도 있을 것 같아요.

오늘의 마무리

AI와 함께 나만의 학습 로드맵을 만들었습니다. 목표를 세우고 생활에 맞게 조정하며 재미까지 더하니, 공부가 새로운 세계로 열립니다. "아, 이제 나도 뭐든지 할 수 있겠다"는 자신감이 생기지 않나요? 앞으로 배우고 싶은 게 있을 때마다 AI에 "나에게 맞는 학습 로드맵을 만들어줘"라고 프롬프트 창에 넣어보세요. AI는 언제든 든든한 학습 코치가 되어줄 것입니다.

Challenge 10

AI와 함께 시 써보기

"시는 시인만 쓰는 건데, 내가 어떻게 쓰겠어?"

많은 분들이 이렇게 생각하십니다. 평소에 읽고 생각한 한 조각을 깊이 있게 표현하면 그것이 시 쓰기의 시작입니다. 여기에 AI가 도와주면 누구나 쉽게 시인 모드로 변신할 수 있습니다. 오늘은 AI와 함께 시를 하나 지어보겠습니다.

종이와 펜이 없어도 괜찮습니다. 그저 AI에게 '시를 쓰고 싶어'라고 말하는 순간, 시 한 편이 눈앞에 펼쳐집니다. 정말 그렇게 간단하냐고요? 이제 이런 요청이 자연스럽고 익숙해진 것 같아 뿌듯합니다.

먼저 시의 주제를 정합니다.

> 오늘의 연습 문장 1 (주제 던지기)
> "봄날 벚꽃을 주제로 짧은 시를 써줘."

이렇게 써 넣으면, AI가 바로 시를 쓰기 시작합니다.

"하얀 꽃잎이 바람에 흩날려
내 마음에도 작은 봄이 내려앉는다."

순간 시집을 펼친 듯한 기분이 듭니다. '어? 꽤 괜찮은데?' 하고 미소가 지어질 것입니다.

이번에는 AI에게 시의 소재와 함께 내가 느끼는 솔직한 감정을 담도록 요청합니다.

오늘의 연습 문장 2 (내 마음 담기)
"벚꽃은 좋은데, 금방 지는 게 아쉬운 마음을 담아줘."

그러면 AI가 다시 시를 바꿉니다.

"꽃잎은 웃으며 피어나지만 금세 이별을 준비한다.
내 마음은 붙잡고 싶지만 봄은 늘 그렇게 지나간다."

이제는 내 감정이 들어간 시로 발전했습니다. 단순한 봄 풍경이 아니라, 내 마음을 벚꽃에 은유한 글이 된 것이지요.

마지막으로, 시의 스타일을 바꿔볼 수도 있습니다.

오늘의 연습 문장 3 (형식 바꿔보기)
"같은 주제를 일본 하이쿠 형식으로 바꿔줘."

AI는 이렇게 고쳐줍니다.

"봄바람 속에 흩날리는 벚꽃잎 잠시 머물다"

짧고 간결하지만, 마음에 울림이 있습니다. 이제는 내가 시집의 저자가 된 듯한 느낌마저 들지요. 여기까지 초안을 받았다면 여러분의 진짜 창작이 시작되었습니다. 마음껏 바꾸고 다듬고, 펼치시면 됩니다.

🎁 오늘의 마무리

주제를 던지면 시를 만들어주고, 내 감정을 담으면 한층 깊어지고, 형식을 바꾸면 또 다른 맛이 생겼습니다. 앞으로는 마음이 답답할 때, "AI야, 내 마음으로 시 한 편 써줘" 하고 부탁해 보세요. 종이에 쓰지 않아도, 당신은 이미 시인입니다. 내일은 창의 챌린지의 또 다른 단계, AI와 함께 그림책 만들기를 해보겠습니다. 📖

― Challenge 11 ―

AI와 함께 그림책 만들기

아이들이 좋아하는 그림책에는 짧은 문장과 알록달록한 그림 속에 큰 이야기가 숨어 있습니다. 읽는 사람도, 보는 사람도 즐겁습니다. 그런데 '그림책 한 권 만들기'라고 하면 막막할 수 있습니다. 스토리도 필요하고 장면마다 어울리는 그림도 상상해야 합니다. 하지만 AI와 함께라면 이야기를 만들고, 그림 아이디어까지 곁들여 누구나 쉽게 그림책 작가가 될 수 있습니다.

먼저 AI에게 간단히 말합니다.

오늘의 연습 문장 1 (주제와 주인공 정하기)
"친구를 찾는 아기 여우를 주인공으로
그림책 이야기를 만들어줘."

그럼 AI는 짧고 간단한 이야기 구조를 제안합니다.

시작: 숲 속에서 혼자 노는 아기 여우
중간: 다양한 동물을 만나며 모험
끝: 함께 노는 진짜 친구를 찾음

벌써 그림책의 뼈대가 생긴 셈이죠. 구상할 때 뼈대가 가장 어려운 부분이거든요. 아이디어를 받은 뒤 보완하면 되므로 시간을 효율적으로 쓸 수 있습니다.

이제 AI에게 장면별로 전체 이야기를 나눠 달라고 해 보세요.

오늘의 연습 문장 2 (장면 나누기)
"이 이야기를 그림책 5장면으로 나눠줘."

그럼 AI는 이렇게 답합니다.

숲 속에서 외로운 아기 여우
나비와 함께 뛰노는 장면
다람쥐와 대화하는 장면
강가에서 길 잃은 오리를 도와주는 장면
드디어 진짜 친구와 함께 노는 장면

이제 각 장면마다 그림을 상상할 수 있고, 구도도 떠올릴 수 있습니다.

이제 마지막으로 그림 힌트를 부탁합니다.

오늘의 연습 문장 3 (그림 아이디어 더하기)
"각 장면에 어울리는 그림 스타일을 제안해줘."

AI는 그럼 이렇게 알려줍니다.

1장면: 숲 속, 따뜻한 파스텔 톤, 약간 외로운 분위기
2장면: 화려한 나비와 함께 뛰노는 밝은 그림
3장면: 나무 위 다람쥐와 여우의 귀여운 대화
4장면: 강가의 반짝이는 물결, 오리를 도와주는 모습
5장면: 활짝 웃으며 친구와 함께 노는 여우,
화사한 색감

이제 이야기도, 그림도 함께 준비되었네요. 쉽고 너무 간단하게 얼개와 장면까지 만들었어요.

오늘의 마무리

 AI와 함께 그림책 만들기를 해 보았습니다. 짧은 문장으로 이야기를 만들고 장면을 나누며 그림 아이디어까지 얻으니, 마치 출판사에서 원고와 그림 시안을 받은 것 같습니다. 앞으로 아이에게 들려줄 그림책이 필요할 때는 AI에게 '그림책 한 권 만들어줘'라고 말해 보세요. 여러분은 이미 그림책 작가가 될 준비가 되어 있습니다. 구글 제미나이의 스토리북 젬 기능을 활용하면 10쪽짜리 그림책은 매우 쉽고 편하게 만들어내실 수 있습니다. 아마 앞으로 더 발전할 거라 예상하고요. (구글/제미나이/스토리북 젬 활용하기)

Challenge 12

AI 그림 도구로 그림책 장면 만들기

그림책은 글과 그림이 어우러져야 완성됩니다. 짧은 문장만으로도 멋진 이야기를 담을 수 있지만, 그림이 없으면 반쪽짜리처럼 느껴집니다.

"나는 그림 못 그리는데, 그림책은 어떻게 만들어?"라고 생각하시는 분이 계실 거예요. 걱정하지 않으셔도 됩니다. 이제는 AI 그림 생성 도구인, 나노바나나(NanoBanana) 같은 툴을 활용해 글과 그림 장면을 동시에 손쉽게 창작할 수 있습니다. 요즘은 나노바나나(NanoBanana) 같은 AI 그림 도구의 인기가 뜨겁습니다만, 유료 범위로 곧 전환될 것 같긴 합니다. 챗GPT 무료 사용자는 하루 3개의 이미지를 생성할 수 있으니, 5일 동안 매일 3개씩만 만들어도 15장면의 이미지를 만들 수 있습니다. 나노바나나를 활용해 내 그림책 원고를 그림으로 바꾸는 과정을 직접 해 보겠습니다.

그림책은 이야기를 장면으로 나누어야 합니다.

오늘의 연습 문장 1 (이야기를 장면으로 나누기)

예를 들어, "아기 여우가 숲 속에서 친구를 찾는 이야기"라면 이렇게 쪼갤 수 있습니다.

숲 속에서 혼자 앉아 있는 아기 여우
나비와 뛰노는 장면
다람쥐와 대화하는 장면
강가에서 오리를 도와주는 장면
새 친구와 웃으며 노는 장면

이렇게 하면 한 권의 그림책이 다섯 장면으로 구성됩니다. 이미 원고를 만드셨다면 원고에 맞게 이미지 프롬프트를 요청하시면 됩니다. 다음 단계에서 보여드리겠습니다. AI는 내가 "어떤 장면을 원하는지" 글로 설명하면 그려줍니다. 이 설명을 프롬프트(prompt)라고 처음 부분에 말씀드렸고, 계속 나왔던 말인데요. 예시로 보시면 더 쉬우실 겁니다.

오늘의 연습 문장 2 (프롬프트 작성하기)

장면: 숲 속에서 외로운 아기 여우

프롬프트: "A lonely baby fox sitting in the forest, pastel colors, picture book illustration style"

이미지 생성을 위한 프롬프트는 한글로 써도 되고, 영어로 쓰면 그림의 표현력이 더 다양해집니다. 영어는 번역기를 활용하세요 (deepl). 여기에서 기억할 점은 네 가지입니다. 누가(주인공) / 어디서(배경) / 어떻게(표정·분위기) / 어떤 그림 스타일.

오늘의 연습 문장 3 (나노바나나 실행하기)

이제 제미나이의 이미지 도구인 나노바나나를 엽니다. 그리고 프롬프트를 입력합니다. 클릭 한 번이면, 몇 초 안에 그림이 생성됩니다. 예를 들어 위의 프롬프트를 입력하면, "숲 속에서 조금 외로운 표정을 짓고 앉아 있는 아기 여우, 파스텔 색감의 그림책 그림"이 완성됩니다. 마음에 들지 않으면 프롬프트를 고쳐 다시 요청하면 됩니다. 아까의 프롬프트의 수정 사항으로 예를 들어 "smiling"을 추가하면 밝은 표정이 되고, "watercolor style"을 넣으면 수채화 느낌으로 변합니다.

오늘의 연습 문장 4 (그림책으로 활용하기)

이제 장면별 그림이 모두 완성되었다면, 글과 그림을 나란히 배치해 그림책 원고를 만들 수 있습니다. 이렇게 만든 이미지와 원고를 CANVA라는 사이트에서 그림책 배열로 편집하실 수도 있습니다. 플립북이라고 하는, 책장이 넘어가는 형태로도 만들어 보실 수 있습니다. 완성하신 그림책은 자녀에게 맞춤형 동화책을 선물하거나 아이들과 함께 읽으며 이야기 나눌 수도 있겠지요. 글을 쓰고 바로 그림으로 보는 재미를 느끼시기에도 좋고요. 잘 다듬고 그림체에 여러분의 스타일을 추가하고 만지시면 멋진 전자책이 탄생할 수도 있습니다.

오늘의 마무리

오늘은 나노바나나를 활용해 그림책 장면을 만드는 과정을 배웠습니다. 이야기를 장면으로 나누고 프롬프트를 입력하면, 몇 초 만에 그림책 장면이 눈앞에 펼쳐집니다. 그리고 그림책에서 아주 중요한 부분인 주인공의 일관성도 유지할 수 있습니다. AI가 그림까지 책임져 주니, 이제 우리는 마음껏 상상하고 글을 쓰면 됩니다. 내일은 창의 챌린지의 다음 단계, AI와 함께 웹툰 콘티 짜기를 해 보겠습니다. 🎬

Challenge 13

AI와 함께 웹툰 콘티 짜기

"와, 이건 전문가만 할 수 있는 일이지."

웹툰을 보면 이렇게 생각하곤 합니다. 대박 난 작가들을 보면 부럽다는 생각부터 앞서죠. 하지만 포기하기에는 이릅니다. AI 바람이 불며 도전하는 사람이 많아졌습니다. 웹툰도 처음은 단순한 이야기에서 출발합니다. 오래전부터 머릿속을 맴돌고 있는 이야기가 있으신가요? 그러시다면 이제 구체화 시키고, 진짜 만들어 볼 때가 되었습니다. 이야기를 장면(scene)으로 나누고, 각 장면에서 일어나는 일을 정리하는 것이 바로 콘티(Storyboard) 작업입니다. 이번 챌린지는 AI를 활용해서 내가 떠올린 짧은 이야기를 웹툰 콘티로 짜보겠습니다.

먼저 AI에게 간단한 이야기를 부탁합니다.

오늘의 연습 문장 1 (짧은 스토리 만들기)
"주인공은 평범한 회사원인데, 퇴근길에 길 잃은
강아지를 만나면서 이야기가 시작되는
웹툰 아이디어를 줘."

요즘 같은 때에 자연스러운 발상이라고 할 수 있습니다. '어머, 내 얘기랑 비슷한데?'라고 생각하실 수도 있습니다. 그렇게 되면 생생한 표현은 자연스럽게 따라옵니다.

시작: 퇴근하는 회사원, 지친 얼굴
전개: 길 잃은 강아지를 발견
갈등: 강아지를 데려갈지 말지 고민
절정: 결국 집으로 데려오며 하루의 피로가 풀림
결말: 강아지와 함께 웃으며 내일을 준비

벌써 웹툰 1화 콘티가 나왔습니다.
이제 AI에게 장면을 나눠달라고 합니다.

오늘의 연습 문장 2 (장면 나누기)
"이 이야기를 웹툰 장면 6컷으로 나눠줘."

그렇게 프롬프트를 넣으면 AI가 컷을 제안하고 구성

을 짭니다. 아주 신통방통하게도 짧은 시간에 결과물을 보여줍니다.

회사원, 퇴근길 버스 정류장에서 지친 표정
발밑에서 들려오는 '왈왈' 소리
길 잃은 작은 강아지를 발견
회사원이 고민하는 장면 (집에 데려가야 할까?)
강아지를 안고 집으로 향하는 모습
집 소파에 앉아 강아지와 함께 웃는 장면

위 내용이 바로 콘티의 뼈대입니다. 이 흐름대로 장면을 구성하고 배치하면 됩니다. 마지막으로 각 장면에 어울리는 그림 스타일을 AI에게 묻습니다.

오늘의 연습 문장 3 (그림 콘셉트 잡기)
"각 장면을 웹툰 스타일로 그리고 싶어. 어떻게 구성할까?"

라고 프롬프트를 넣었더니 AI의 답은 이랬습니다.

퇴근길 저녁, 어두운 톤
작은 강아지 울음소리, 클로즈업
귀여운 강아지, 눈망울 강조
회사원 얼굴에 고민 가득
따뜻한 색감, 집으로 가는 장면
밝은 조명, 행복한 미소

이렇게 보니, 머릿속으로 장면들이 보이기 시작해요. 이 단계에서는 나노바나나 같은 AI 그림 도구를 활용해 CANVA에서 배치하면, 그림 콘티를 실제 그림 이미지로 바꿀 수 있습니다.

오늘의 마무리

짧은 이야기에서 시작해 장면을 나누고 각 장면의 그림 콘셉트까지 정하니, 벌써 웹툰 작가가 된 기분이 듭니다. 앞으로는 떠오르는 아이디어가 있다면 AI에게 "이걸 웹툰 콘티로 만들어줘"라고 부탁해 보세요. 머릿속에서만 맴돌던 이야기가 웹툰의 설계도로 눈앞에 펼쳐질 겁니다. 거창하게 한편을 만든다고 시작하시면 부담이겠죠. 일상툰 같은 느낌으로 시작하시기를 추천드립니다. 툰을 하나씩 만들어 보시면서 모아보는 재미도 있으실 거예요.

Challenge 14

사진 한 장을 여러 가지 스타일로 만들기

사진을 보며 '이걸 수채화로 바꾸면 어떨까? 만화풍으로 바꾸면 어떨까?' 하고 생각해 본 적 있으신가요?

상상만 해도 재미있지 않나요? 예전에는 이런 작업을 하려면 화가를 찾거나 복잡한 디자인 프로그램을 다뤄야 했습니다. 하지만 이제는 AI가 단 몇 초 만에 한 이미지를 여러 가지 스타일로 변신시켜 줍니다. 오늘은 같은 이미지를 다양한 화풍으로 바꿔 보겠습니다.

오늘의 연습 문장 1 (이미지 준비하기)

먼저, 변신시킬 이미지를 준비합니다. 여행 중 찍은 풍경 사진이나 반려동물 사진, 또는 내가 직접 그린 그림도 좋습니다.

예시: "집 앞 벚꽃이 핀 사진"을 첨부해서 넣습니다. 이제 AI에게 원하는 스타일을 말해줍니다. 첨부한 사진의 느낌을 바꿔 달라고 프롬프트를 넣으면 됩니다.

어떻게요? 프롬프트는 이렇게 넣으실 수 있습니다.

> 오늘의 연습 문장 2 (AI에게 스타일 요청하기)
> "이 사진을 수채화 그림 스타일로 바꿔줘."
> "이 장면을 카툰 스타일로 표현해줘."
> "이 이미지를 고흐 화풍의 유화처럼 바꿔줘."

같은 사진도 AI를 거치면 전혀 다른 모습으로 재탄생합니다.

> 오늘의 연습 문장 3 (변신된 이미지 비교하기)

AI가 만들어 준 여러 이미지를 나란히 놓고 비교해 봅니다. 예를 들어, 수채화 스타일은 부드럽고 따뜻한 색감, 만화풍은 귀엽고 선명한 느낌, 유화풍은 붓 터치가 살아 있는 예술적 감각을 느낄 수 있을 것입니다. 사람마다 좋아하는 취향이 다릅니다. 프롬프트를 달리 입력할수록 평범했던 사진 한 장면이 이렇게 달라질 수 있다는 사실에서, AI의 창의적 힘을 실감할 수 있습니다.

오늘의 마무리

AI로 이미지 스타일 변신하기를 해 보았습니다. 단순한 사진 한 장도, AI를 거치면 수채화가 되고, 만화가 되고, 유화가 됩니다. 앞으로는 AI에게 '이 사진을 다른 스타일로 변신시켜줘'라고 부탁해 보세요. 여러분의 추억은 기록을 넘어 새로운 예술 작품으로 다시 태어날 것입니다.

Challenge 15

AI에게 작사 부탁하기

노래 가사를 보다 보면 '내 마음을 어떻게 이렇게 잘 표현했을까?' 하는 생각이 들 때가 있습니다. 꼭 가수가 아니어도 나만의 이야기를 담은 가사를 쓸 수 있습니다. 내 기분, 경험, 하고 싶은 말을 짧게 적으면 AI가 그것을 노랫말처럼 다듬어 줍니다. 이번 챌린지는 AI와 함께 내 하루를 노래 가사로 만드는 것입니다.

먼저 AI에게 간단히 주제를 말합니다.

오늘의 연습 문장 1 (주제 정하기)
"퇴근길 지하철 창밖에서 느낀 외로움을 가사로 써줘."

AI는 이런 식으로 답합니다.

"창문 너머 불빛이 스쳐가네
바쁜 사람들 속에 나만 멈춰 서 있어
조용히 흘러가는 시간 속에서
내 마음은 작은 섬이 되어 있네"

벌써 노래 가사 같은 분위기가 나지 않나요?

이번에는 AI에게 노래 스타일을 바꿔 달라고 합니다.

오늘의 연습 문장 2 (스타일 바꾸기)
"이 가사를 발라드에서 신나는 트로트 느낌으로 바꿔줘."

그러면 AI는 같은 내용을 훨씬 흥겨운 리듬에 어울리는 가사로 바꿔 써줍니다.

> "지하철 불빛 반짝이네
> 나 혼자 걸어도 괜찮아라~
> 시간이 흘러도 웃어볼 거야
> 내 인생은 아직 젊다네~"

같은 내용이지만 분위기가 확 달라졌습니다. 가사만 읽어도 흥이 느껴집니다.

마지막으로 내 이야기를 더 추가해 보고 싶을 때는 이렇게 넣어보세요.

오늘의 연습 문장 3 (나만의 이야기 담기)
"여기에 내가 좋아하는 요리 '김치찌개'를 넣어서 가사를 바꿔줘."

AI는 이렇게 다시 다듬습니다.

"긴 하루 끝에 집에 돌아와
따끈한 김치찌개 향기 반겨주네
혼자라도 괜찮아, 노래 부르며
오늘 하루 내 마음을 채워가네"

이제는 정말 나만의 개인 맞춤형 가사가 되었습니다. 어떤 소재든, 분위기든, 길든, 짧든 모두 가능합니다.

 오늘의 마무리

내 기분, 내 이야기가 발라드가 되었다가, 트로트가 되었다가, 결국 나만의 노래 가사가 되었습니다. 앞으로는 기분이 답답할 때, AI에게 "내 하루를 노래 가사로 써줘"라고 말해 보세요. 그 순간, 평범한 하루가 작은 음악 한 곡으로 다시 태어납니다. ♪

Challenge 16

AI와 함께 블로그 글쓰기

블로그를 해보고 싶다고 생각한 적 있으신가요? 이미 꾸준히 글을 발행하는 분도 많으실 것입니다. 여행 이야기, 내가 만든 요리, 오늘의 소소한 생각… 누군가에게 보여주지 않아도 기록하는 것만으로 즐겁습니다. 하지만 막상 글을 쓰려 하면 머릿속이 하애집니다. '무슨 제목으로 하지?', '어떻게 시작하지?' 이럴 때는 AI가 있으면 훨씬 편합니다. 오늘은 AI와 함께 블로그 글을 써보겠습니다.

먼저 AI에게 간단히 주제를 말합니다.

오늘의 연습 문장 1 (주제 정하기)
"오늘 동네 카페에서 마신 라떼 이야기를
블로그 글로 써줘."

AI는 이렇게 글의 시작을 만들어 줍니다.

"오늘은 동네 작은 카페에서 라떼 한 잔을 마셨습니다.
잔 위에 살짝 얹힌 우유 거품이 참 부드러웠지요.
따뜻한 커피 향이 하루의 피로를 잊게 해 주었습니다."

벌써 글이 술술 시작됩니다.
이번에는 글에 디테일을 추가합니다.

오늘의 연습 문장 2 (글을 더 풍성하게 만들기)
"카페의 분위기와 음악 이야기도 넣어줘."

AI가 다시 다듬습니다.

"카페 안에는 잔잔한 재즈 음악이 흐르고 있었습니다.
벽에는 여행 사진들이 걸려 있었고,
창가에는 햇살이 부드럽게 들어왔습니다.
라떼를 마시며 그 풍경을 바라보니,
마치 작은 여행을 온 듯한 기분이 들었습니다."

이제 글이 훨씬 살아납니다.
마지막으로 글의 끝을 맺고 제목을 정해 달라고 합니다.

오늘의 연습 문장 3 (마무리와 제목 붙이기)
"글을 마무리하고 블로그 제목도 달아줘."

이렇게 넣으면, AI는 이렇게 정리합니다.

"따뜻한 라떼 한 잔은 오늘 하루를 위로해 주는
작은 선물이었습니다.
내일도 다시 이 카페에 오고 싶어지네요."
제목: 〈동네 카페에서 찾은 작은 휴식, 라떼 한 잔〉

AI가 만든 초안을 바탕으로 다듬다 보면 블로그 글 한 편이 완성됩니다.

오늘의 마무리

주제만 던져도 글의 시작을 열어주고, 디테일을 보강해 달라고 하면 풍성해지고, 마지막엔 마무리와 제목까지 정리됩니다. 앞으로 블로그 글쓰기가 막막하다면 AI에게 '블로그 글 초안 써줘'라고 부탁해 보세요. AI는 훌륭한 글쓰기 파트너가 되어 줄 것입니다. 이 외에 블로그 글을 자동으로 써주는 AI도 있습니다(뤼튼/로그인/도구/블로그). 그리고 챗GPT안에서도 블로그를 찾아보시면 블로그에 특화된 챗봇으로 이동하기도 합니다. 각자의 방식으로 작업하시면서 중요한 것은 나의 진짜 콘텐츠를 자연스럽게 녹이고, 나만의 색이 담기도록 블로그를 발행하는 것이라고 생각해요.

Challenge 17

AI와 함께 유튜브 대본 만들기

요즘은 누구나 유튜브를 합니다. 먹방, 여행 브이로그, 책 소개, 요리 레시피 등 다양합니다. '나도 해볼까?' 생각은 하지만 막상 카메라 앞에 서면 막막합니다. 무엇보다 대본 쓰기가 가장 어렵습니다. 그런데 이제는 AI에게 부탁하면 기발하고 재미있는 아이디어를 내주고, 말할 순서를 짜 주며, 멘트까지 써줍니다. 이번 챌린지는 AI와 함께 나만의 유튜브 대본을 만들어 보겠습니다. 먼저 AI에게 내가 하고 싶은 주제를 말합니다.

오늘의 연습 문장 1 (아이디어 정하기)
"초보 주부가 쉽게 따라 할 수 있는 김치찌개 레시피를 유튜브 영상으로 만들고 싶어. 대본 흐름을 써줘."

이렇게 프롬프트를 넣으면 AI가 영상 흐름을 제안합니다.

오프닝 - 인사와 오늘 요리 소개

재료 소개 - 필요한 재료 나열

조리 과정 - 순서대로 설명

완성 - 맛있게 먹는 장면

엔딩 - 인사와 구독 요청

벌써 한 편의 영상 뼈대가 완성되었습니다.
이제 AI에게 멘트까지 부탁해 봅니다.

오늘의 연습 문장 2 (대사 채우기)

예시 대본) 오프닝: "안녕하세요, 오늘은 김치찌개를
쉽게 끓이는 방법을 알려드릴게요."

재료 소개: "배추김치, 돼지고기, 두부, 파, 마늘,
그리고 고춧가루가 필요합니다."

조리 과정: "먼저 냄비에 돼지고기를 볶다가
김치를 넣고 함께 볶아주세요…"

완성: "와! 벌써 맛있는 냄새가 나네요. 완성된
김치찌개는 밥 한 그릇 뚝딱입니다."

엔딩: "오늘 영상이 도움이 되셨다면 구독과
좋아요 부탁드립니다."

여러 번 읽어서 흐름을 파악하시고, 입에 문장이 거의 붙었다 하실 때, 영상을 찍으시면 큰 실수 없이 진행하실 수 있으실 거예요.

마지막으로 AI에게 영상 편집 아이디어까지 묻습니다.

오늘의 연습 문장 3 (편집 포인트 추가하기)
"대본에 활용하면 좋을 편집 아이디어도 넣어줘."

이렇게 넣으면 AI는 이렇게 대답을 줍니다.

재료 소개 부분에는 자막과 그림 아이콘 넣기
끓이는 장면에는 '보글보글' 효과음 넣기
완성 장면에는 '짜잔~' 자막 추가
엔딩에는 밝은 배경 음악 삽입

영상 흐름에 맞게 적절한 편집 요소를 알려줍니다. 이런 것들은 하나하나 찾고 정리하려면 공부도 많이 해야 하는 법이잖아요. 이렇게 하면, 전문성 있게 영상의 완성도를 올릴 수 있습니다.

오늘의 마무리

주제만 정하면 영상의 흐름, 멘트, 편집 포인트까지 AI가 도와주니 훨씬 수월하지요. 앞으로 유튜브를 시작해 보고 싶을 때, AI에게 "대본 써줘"라고 부탁해 보세요. 아직 시작을 못하신 분들이라면 내가 만들면 좋을 유튜브 채널에 대해서 아이디어를 얻으실 수도 있겠죠. 아무것도 시작하지 않으면 아무 일도 일어나지 않습니다. 무심코 시작한 유튜브 채널이 인생의 또 다른 전환기가 된 분들도 많습니다. 여러분도 도전해 보시면 어떨까요. 이렇게 AI 도구라는 멋진 유튜브 파트너가 있으니까요. 🎥

Challenge 18

AI와 함께 하루 시간표 만들기

아침에 눈을 뜨면 머릿속이 복잡합니다.

"오늘 은행도 가야 하고, 시장도 봐야 하고, 저녁에 친구랑 통화도 해야 하는데…"

뭐부터 하지? 해야 할 일은 많지만 정리하지 않으면 금세 잊어버립니다. 종이에 적기엔 귀찮고, 머릿속에만 두면 뒤죽박죽입니다. 이럴 때 바로 AI가 든든한 도우미가 됩니다. AI는 정보를 알려주는 기계가 아니라, 내 하루를 정리해 주는 비서 같은 친구가 될 수 있습니다. 오늘은 AI에게 시간표를 부탁해 하루를 깔끔하게 보내는 방법을 알아보겠습니다.

먼저 AI에게 오늘 해야 할 일을 나열합니다.

오늘의 연습 문장 1 (해야 할 일을 그냥 말해보기)
"오늘 오전엔 은행에 가고, 오후엔 장을 봐야 해.
저녁엔 친구와 통화할 거야."

AI의 답변은 이렇게 돌아옵니다.

> 오전 10시: 은행 업무 보기
> 오후 2시: 마트 장보기
> 저녁 7시: 친구와 전화

'와, 이렇게 정리되니 훨씬 보기 쉽네!' 하고 무릎을 칠 것입니다. 내가 대충 흘린 말을 AI가 알아서 시간표로 정리해 주니까요.

이번에는 조금 더 조건을 추가해 봅니다.

오늘의 연습 문장 2 (나에게 맞는 맞춤 시간표)
"나는 오전에 집중이 잘 돼. 중요한 일은 오전에 넣어줘."

그러자 AI는 이렇게 다시 짜 줍니다.

> 오전 9시~11시: 은행 업무 (집중력이 좋을 때)
> 오후 2시: 마트 장보기
> 저녁 7시: 친구와 전화

내 생활 패턴을 반영한 나만의 맞춤 시간표가 된 것입니다.

만약 일정이 바뀌면 어떻게 할까요? 상황에 변수가 생길 수 있으니까요. 이럴 때도, AI에게 다시 말을 걸면 됩니다.

오늘의 연습 문장 3 (AI와 대화하듯 수정하기)

"아, 은행은 내일로 미뤄야겠어.
대신 오늘 오후에 병원 예약을 넣어줘."

그러면 AI가 다시 정리합니다.

오전: 여유 시간
오후 2시: 병원 예약
오후 4시: 마트 장보기
저녁 7시: 친구와 전화

마치 종이에 지우고 다시 쓰듯, AI는 순식간에 고쳐줍니다. 디지털 세상에 내 일정을 담당하는 비서가 생겼습니다.

🎁 오늘의 마무리

AI에게 하루 시간표를 부탁하는 건, 단순히 "일정 정리"가 아닙니다. 머릿속 복잡한 일을 내려놓고, 조금 더 여유롭고 편안한 하루를 만드는 방법입니다. 앞으로는 "오늘 뭐부터 하지?" 하고 머리 싸매지 말고, AI에게 가볍게 부탁해 보세요. 왜 내가 할 일정을 미루지 라는 생각보다 내 에너지를 아끼는 방식이라고 생각합니다. 우리의 하루는 생각보다 다채롭고 끊임없는 선택으로 이루어지니까요.

에필로그

 여기까지 오셨군요! 중요한 것은 끝까지 읽으셨다는 사실입니다. 처음 AI와 인사할 때는 어색했을지 몰라도, 이제는 아마 속으로 이렇게 중얼거리실 겁니다. "음… 나, AI랑 좀 친해진 것 같은데?" 맞습니다. 이 책은 AI 박사가 되는 법을 알려주는 책이 아니라, 하루 5분 일상에 작은 변화를 주는 법을 소개한 책입니다.

 앞으로 AI를 어떻게 쓰실지는 전적으로 당신의 몫입니다. 누군가는 생활비 가계부 정리에, 누군가는 손주에게 들려줄 그림책 만드는 데 활용할 것입니다. 또 누군가는 '심심하니까 농담 하나 해봐!' 하며 AI와 놀 수도 있습니다. 어떤 방식이든 괜찮습니다. 중요한 것은 이미 AI와 첫걸음을 내디뎠다는 사실입니다.

 저는 여기서 원고를 마치지만 당신과 AI의 이야기는 이제 시작입니다. 오늘도, 내일도, 모레도 딱 5분만 투자해 보세요. 그 5분이 당신의 하루와 삶을 조금씩 더 즐겁게 바꿔 줄 것입니다. 자, 이제 책장을 덮고, AI에게 이렇게 말해볼까요?

 "안녕, 오늘은 뭐 해 볼까?"

지구 소확행 시리즈 출간 예정

지구 소확행 시리즈 F
- 지하철에서 끝장내는
  행복 부자 가이드

지구 소확행 시리즈 U
- 업사이클 뉴노멀,
  돈 되는 힙한 반란

시구 소확행 시리즈 A(A.I)

하루 5분 A.I 챌린지
- 너무 쉬운 A.I 따라하기-

1쇄 발행 2025년 10월 15일
2쇄 발행 2025년 10월 25일
지은이 이지선
펴낸이 김영경
펴낸곳 쑬딴스북
표지 디자인 이지선
인디자인 인지예

출판등록 제2021-000088호.(2021년 6월 22일)
주소 경기도 파주시 탄현면 헤이리마을길 82-91 B동 202호
이메일 fuha22@naver.com

ISBN 979-11-94047-18-6

* 이 책은 저작권법에 따라 보호받는 저작물이므로 무단 전재와 무단 복제를 금지하며,
이 책의 전부 또는 일부를 이용하려면 저작권자와 쑬딴스북의 동의를 받아야 합니다.
* 책값은 뒤표지에 있습니다.
* 잘못된 책은 구입하신 서점에서 바꿔 드립니다.